**Aulis Antamaa**

# Aakkosrunot

FSC
www.fsc.org
MIX
Paperi vastuul-lisista lähteistä
Paper from responsible sources
FSC® C105338



Kustantaja: BoD – Books on Demand, Helsinki, Suomi

Valmistaja: BoD – Books on Demand – Norderstedt, Saksa

ISBN: 9789528045205

anni avaa akkunan

ahmii auringonsäteitä

aamupuuroa ahomansikoilla

astiat altaaseen

ajatukset ajelehtivat arjen aikatauluun

aherrukseen alipalkatussa ansiotyössä

askel askeleelta

alikulkusillalta ahonlaitaa

alanevantietä alepaan

alkaa ahistaa

barbi bilettää bikineissään

boolissa bacardia banaanilikööriä

baarissa baccaran bassojumputus

bongaa baskeripäisen basistin bermudoissaan

barbin bestis barbarella beigessä bolerossaan

botuliinihymyllään brassaillen

budjetoi bonuskortilla brenkkua basistille

barbi buuaa barbarellalle

cappuccinoa cafeteriassa

ceasarsalaattia caprilla

calvadosia coctailkutsuilla

chopinia cis-mollissa

casanova cameoroolissa

daami daaliankukkineen

dandy dalmatialaisineen

dekadentti diiva diadeemeineen

dementoitunut dosentti dogmeineen

deeku diplomaatti delegaatioineen

deittimarkkinoiden dinosauruksia

elämään eksynyt empii

etenee edestakaisin

epäilee etsiessään

ehtiikö edes elää ennen ehtoota

eniten estää elämänpelko

formulakuskin fallos

feminiinisissä farkuissa

fetisistisessä filmissä

floppi fotogalleriassa

fiasko faneille

glamouria gaalailtaan

glitteriä garderobista

gardenioita gerberoita gladioluksia

glaseerattua gourmetruokaa

gluteenittomia grilliherkkuja

giniä graniittilinnan grogilaseissa

hän haahuilee haaveiden hetteiköissä

hukkaa hetkiä hamuten huomispäivää

hikoilee himojensa hirttosilmukassa

hautakuopan huomatessaan

huokaisee hiukan hämillään

ilmarin ientulehdus inhottaa

ilkka ilmehtii ikävästi

irvistää istuutuessaan

iloko irti illasta ilman imuttelua

jaloittelen järven jäällä

jaksan juuri ja juuri joelle

juurakkoa järsivä jänis

jähmettyy jyrkänteellä

joenmutkaan joltain jäänyt jolla jumiin

jatkanut jalan johonkin

joutaa juhannuskokkoon

käyn keskiviikkoisin kalahallissa

kuhan kilohinta kiinnostaa

katkaravuista kokkaan keiton

kampasimpukoita korianterin kera

korvasienikastikkeella kruunattuna

kuivaa königschaffhauseria kyytipojaksi

kiitos kalastajille

lenkkeilijän labradorinnoutaja

lönkyttelee laiskasti lumisohjossa

leuto loskakeli lupaa lämpenevää

lumikellot läikkyvät liljamaisine lehtineen

liikehtiminen luonnossa lisääntyy

lokit lentelevät lännessä

leivoset livertävät laitumilla

laiturilla lapsi lennättää leijaa

laitan lapaset laukkuun

muistan maijan mainiona marjastajana

myös muusikkona menestyi mahtavasti

mollivoittoisten melodioiden muotokieli

maustoi monia mieliinpainuvia matineoita

mummona muisti maistuvilla muonilla

muurinpohjalettuja mesimarjalikööriä

metsämökistään matkusteli maailmalle

maita meriä muisteli

mutta maanantaina menee maahan

multiin makaamaan

nivelrikkoinen narisevissa nastakengissä

näyttää naapurista naurettavalta

nuorempana nenäkäs

nakkeli niskojaan

nyt nykivän neuroottinen

napisee nuorisosta

näyttää nälkäkurjelta

nipottava nestori

onko ostettava

omistettava

oltava oikeistolainen

ollakseen oikeanlainen

onnen orjamarkkinoilla

pastori paasasi pyyteettömyydestä

puhui pyhyydessä piilevästä pelastuksesta

pieru pärähti pahaan paikkaan

paukahti pitkin puukirkon pylvässalia

puna pakeni poskilta

parahdus penkkirivin perukoilta

quickstep quickstep
quickstep quickstep quickstep
quickstep quickstep quickstep
quickstep quickstep quickstep
quickstep quickstep quickstep
quickstep quickstep quickstep
quickstep quickstep quickstep
quickstep quickstep quickstep
quickstep quickstep quickstep
quickstep quickstep quickstep
quickstep quickstep quickstep
quickstep quickstep quickstep
quickstep quickstep quickstep
quickstep quickstep quickstep
quickste p quickstep quickstep
quickstep quickstep quickstep
quickstep quickstep quickstep
quickstep quickstep quickstep
quickstep quickstep quickstep
quickstep quickstep quickstep
quickstep quickstep quickstep
uickstep quickstep quickstep
quickstep quickstep uickstep
quickstep quickste quickstep
quickstep quickstep quickstep
quickstep quickstep quickstep
quickstep quickstep quickstep
quickstep quickstep quickstep
quickstep quickstep

riekaleina rakkauden raunioilla

raskaasti repivät raivottaret rintaa

romahtanut reelinki ristiaallokossa

romanttiset runokuvat riipaisevat

rakkauskirjeet roviolla

syntyi satuprinsessaksi

seudun suloisimmaksi

sai sulhasen sotilaasta

suositusta soittoniekasta

saatteli sotaan sotilaan

syyllistyi syntiin suurimpaan

siveytensä sälli selätti

simasuin saapui saatuaan sätti

sotilas surmattiin sai syys

satuprinsessaa soimaa syyllisyys

siit suru syömmeen syvimmäksi

suitsii siperia säyseäksi

taksit töppäilevät tolkuttomasti

tulevat täysillä taajama-alueelle

tuskin tiedostavat toisia

taas tänään tööttäsin typerykselle

teki törkeän tempun tasoristeyksessä

tunari

ulkomaantoimittaja uutisoi uudistuksista

usa ulkoistaa uraanintuotantonsa uruguaihin

ugandassa uskottomille ulkonaliikkumiskielto

uusiseelantilaisilla ultrakevyet uimapuvut

unkari uskoo ukuleleen uskonnonopetuksessa

ukrainassa unitutkimus uusille urille

voiko värikkäinkään vokkiruoka

voittaa vastapaistettua vasikanleikettä

vivaldin valloittavinkaan viuluteos

verdin vokaaliakrobatiaa

voimakkainkaan viettelys

vannottua veriveljeyttä

väkevinkään viinimarjamehu

vuosikertapunkkua

viisainkaan valkoinen valhe vilpittömyyttä

vuosiloma viikkovapaata

vaikeita valintoja

wasabitahnaa wc-istuimella

wc-paperia wokpannulla

wienerleipiä wc-altaassa

wau

```
   |
   |
   |
   |
   |
--x-akseli---
   |
```

ysikymppinen ymmärtää yskän

yllättää yksituumaisuudellaan

ynnää ydinajatuksia

ylistää yhdessäoloa

ystävyyttä

yksikin ylimääräinen yö yllyttää ylävitosiin

zen z z z z z

zombie z Z z Z z

ångström

ångström

ångström

ångström

ångström

ångström

äimistyin äsken äreää äitiäni

älytön äkseeraus äijänkäppänälle

äänihuulet älähtivät äänekkästi

ärräpäiden ärsyketulva ärsytti

ällisyttävää älämölöä

öisin ötökät örisevät

örkit örveltävät

öittiäiset örähtelevät

ökytaloissa öykkäröidään